Impressum
Verlag: BABADADA GmbH, Nedderfeld 112 , 22529 Hamburg
Geschäftsführer / Verlagsleitung: Harald Hof
Druck: Books on Demand GmbH, In de Tarpen 42, 22848 Norderstedt

Imprint
Publisher: BABADADA GmbH, Nedderfeld 112 , 22529 Hamburg, Germany
Managing Director / Publishing direction: Harald Hof
Print: Books on Demand GmbH, In de Tarpen 42, 22848 Norderstedt

l'école
школа

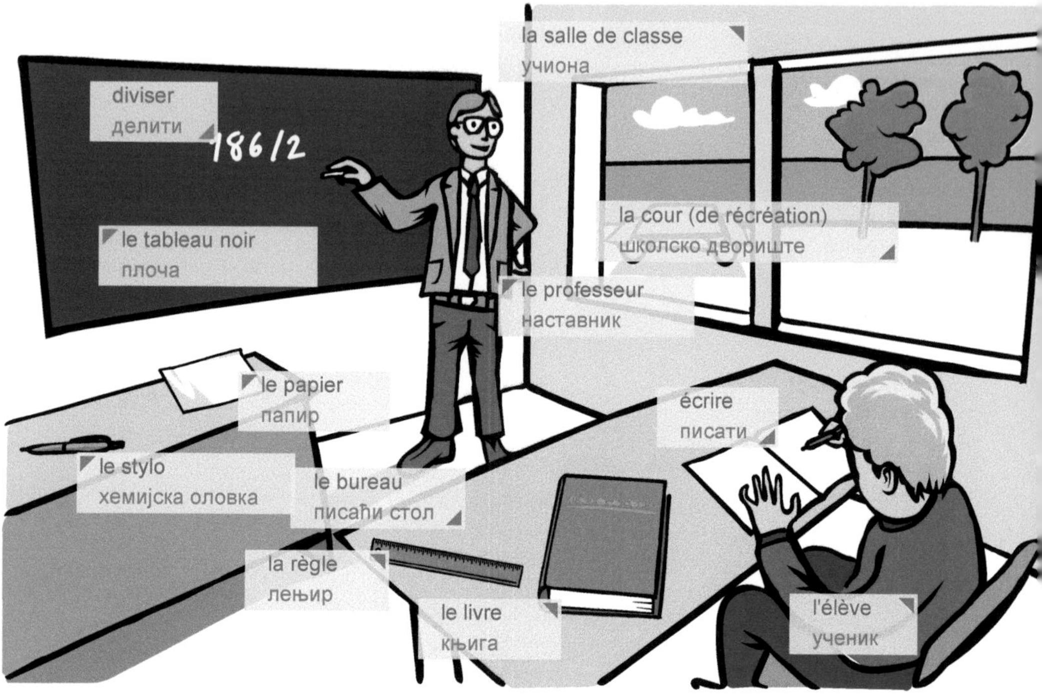

la salle de classe
учиона

diviser
делити

186/2

le tableau noir
плоча

la cour (de récréation)
школско двориште

le professeur
наставник

le papier
папир

écrire
писати

le stylo
хемијска оловка

le bureau
писаћи стол

la règle
лењир

le livre
књига

l'élève
ученик

le cartable

торба

la trousse

перница

le crayon

графитна оловка

le taille-crayon

шиљило за оловке

la gomme

гумица за брисање

le carnet à dessin

блок за цртање

2

l'école - школа

le dessin

цртеж

le pinceau

кист

la boîte de peinture

кутија са бојама

les ciseaux

маказе

la colle

лепило

le cahier d'exercices

бележница

les devoirs

домаћи задатак

le chiffre

број

additionner

сабирати

soustraire

одузимати

multiplier

множити

calculer

рачунати

la lettre

слово

l'alphabet

абецеда

le mot

реч

le texte

текст

lire

читати

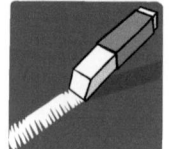

la craie

креда

la leçon

час

le livre de classe

дневник

l'examen

испит

le certificat

сведочанство

l'uniforme scolaire

школска униформа

la formation

образовање

le lexique

лексикон

l'université

универзитет

le microscope

микроскоп

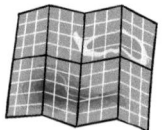

la carte

карта

la corbeille à papier

кошара за папир

le voyage

путовање

Grand
l'hôtel
хотел
l'auberge
преноћиште
ROOMS
CHANGE
le bureau de change
мењачница
la valise
кофер
la voiture
ауто

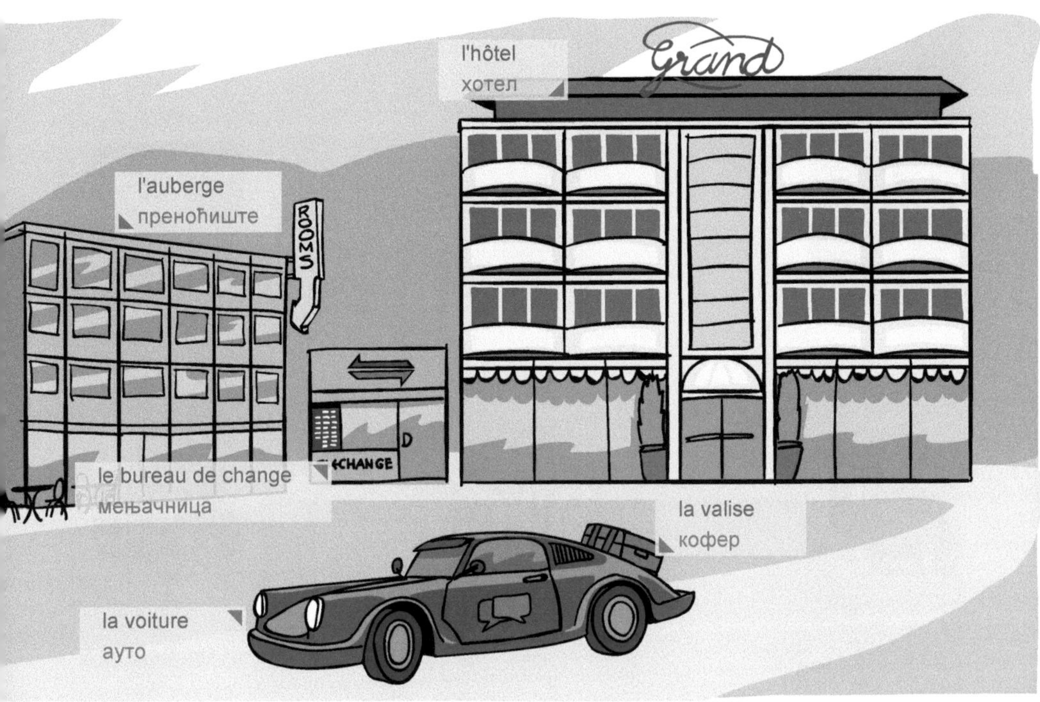

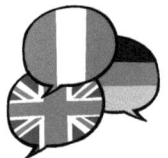

la langue

језик

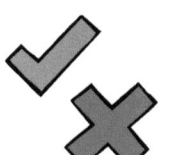

oui / non

да / не

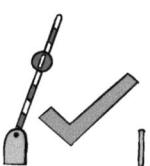

d'accord

океј

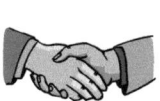

Salut

здраво

l'interprète

преводилац

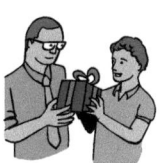

merci

хвала

Combien coûte...?

Колико кошта...?

Je ne comprends pas

не разумем

le problème

проблем

Bonsoir !

добро вече!

Bonjour !

Добро јутро!

Bonne nuit !

Лаку ноћ!

Au revoir

довиђења

la direction

смер

les bagages

пртљага

le sac

торба

le sac-à-dos

руксак

l'hôte

гост

la pièce

соба

le sac de couchage

врећа за спавање

la tente

шатор

l'office de tourisme
туристичке информације

la plage
плажа

la carte de crédit
кредитна картица

le petit-déjeuner
доручак

le déjeuner
ручак

le dîner
вечера

le billet
карта за вожњу

l'ascenseur
лифт

le timbre
поштанска маркица

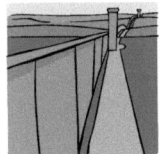

la frontière
граница

la douane
царина

l'ambassade
амбасада

le visa
виза

le passeport
пасош

le transport
транспорт

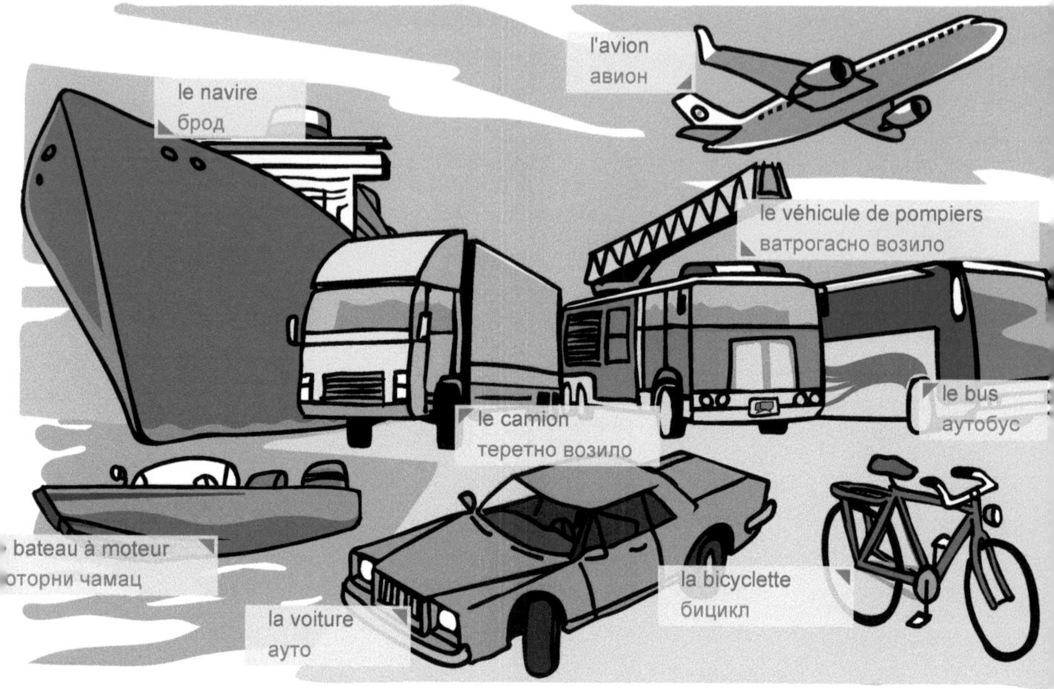
l'avion
авион
le navire
брод
le véhicule de pompiers
ватрогасно возило
le bus
аутобус
le camion
теретно возило
bateau à moteur
оторни чамац
la voiture
ауто
la bicyclette
бицикл

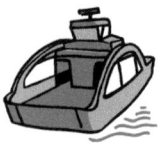

le ferry
трајект

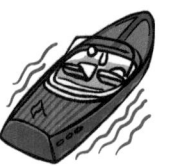

la barque
чамац

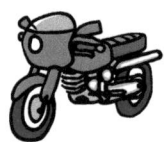

la moto
мотоцикл

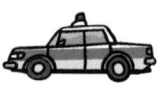

la voiture de police
полицијски ауто

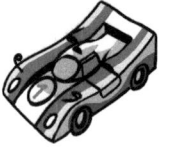

la voiture de course
тркаћи ауто

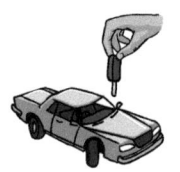

la voiture de location
изнајмљено ауто

l'auto-partage

дељење аутомобила

la voiture de remorquage

вучно возило

la benne à ordures

возило за одвоз смећа

le moteur

мотор

l'essence

бензин

la station d'essence

бензинска станица

le panneau indicateur

саобраћајни знак

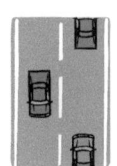

le trafic

саобраћај

l'embouteillage

застој

le parking

паркиралиште

la gare

железничка станица

les rails

шине

le train

воз

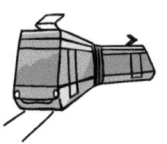

le tramway

трамвај

le wagon

вагон

l'hélicoptère

хеликоптер

l'aéroport

аеродром

la tour

кула

le passager

путник

le conteneur

контејнер

le carton

картон

le chariot

колица

la corbeille

корпа

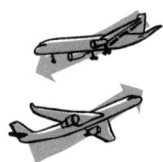

décoller / atterrir

узлетети / слетети

la ville

град

le village

село

le centre-ville

центар града

la maison

кућа

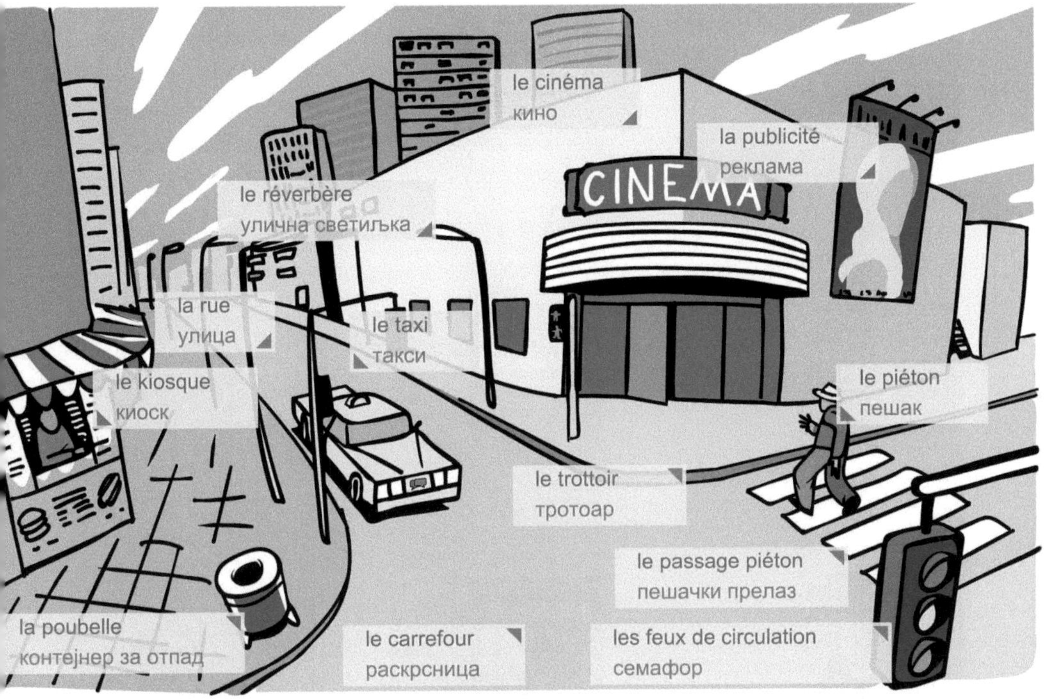

le cinéma
кино

la publicité
реклама

le réverbère
улична светиљка

la rue
улица

le taxi
такси

le piéton
пешак

le kiosque
киоск

CINEMA

le trottoir
тротоар

le passage piéton
пешачки прелаз

la poubelle
контејнер за отпад

le carrefour
раскрсница

les feux de circulation
семафор

la cabane
колиба

l'appartement
стан

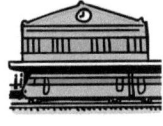

la gare
железничка станица

la mairie
већница

le musée
музеј

l'école
школа

la ville - град

11

l'université

универзитет

la banque

банка

l'hôpital

болница

l'hôtel

хотел

la pharmacie

апотека

le bureau

канцеларија

la librairie

књижара

le magasin

продавница

le fleuriste

цвећара

le supermarché

супермаркет

le marché

трг

le grand magasin

робна кућа

la poissonnerie

рибарница

le centre commercial

трговачки центар

le port

лука

le parc

парк

la banque

клупа

le pont

мост

les escaliers

степенице

le métro

подземна железница

le tunnel

тунел

l'arrêt de bus

аутобуска станица

le bar

бар

le restaurant

ресторан

la boîte à lettres

поштанско сандуче

le panneau indicateur

улични знак

le parcmètre

паркирни аутомат

le zoo

зоолошки врт

le réverbère

базен

la mosquée

џамија

la ville - град

la ferme

сеоско газдинство

la pollution

загађење околине

la cimetière

гробље

l'église

црква

l'aire de jeux

игралиште

le temple

храм

le paysage

пејсаж

la feuille
лист

le panneau indicateur
путоказ

le chemin
пут

le pré
ливада

la pierre
камен

l'arbre
дрво

le randonneur
шетач

la rivière
река

l'herbe
трава

la fleur
цвет

la vallée

долина

la montagne

планина

le lac

језеро

la forêt

шума

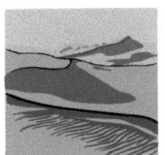

le désert

пустиња

le volcan

вулкан

le château

дворац

l'arc-en-ciel

дуга

le champignon

гљива

le palmier

палма

le moustique

москито

la mouche

мува

les fourmis

мрав

l'abeille

пчела

l'araignée

паук

le coléoptère

буба

la grenouille

жаба

l'écureuil

веверица

le hérisson

јеж

le lièvre

зец

la chouette

сова

l'oiseau

птица

le cygne

лабуд

le sanglier

дивља свиња

le cerf

јелен

l'élan

лос

le barrage

насип

l'éolienne

ветрењача

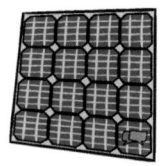

le panneau solaire

соларна плоча

le climat

клима

le restaurant
ресторан

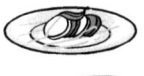

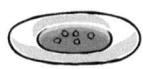

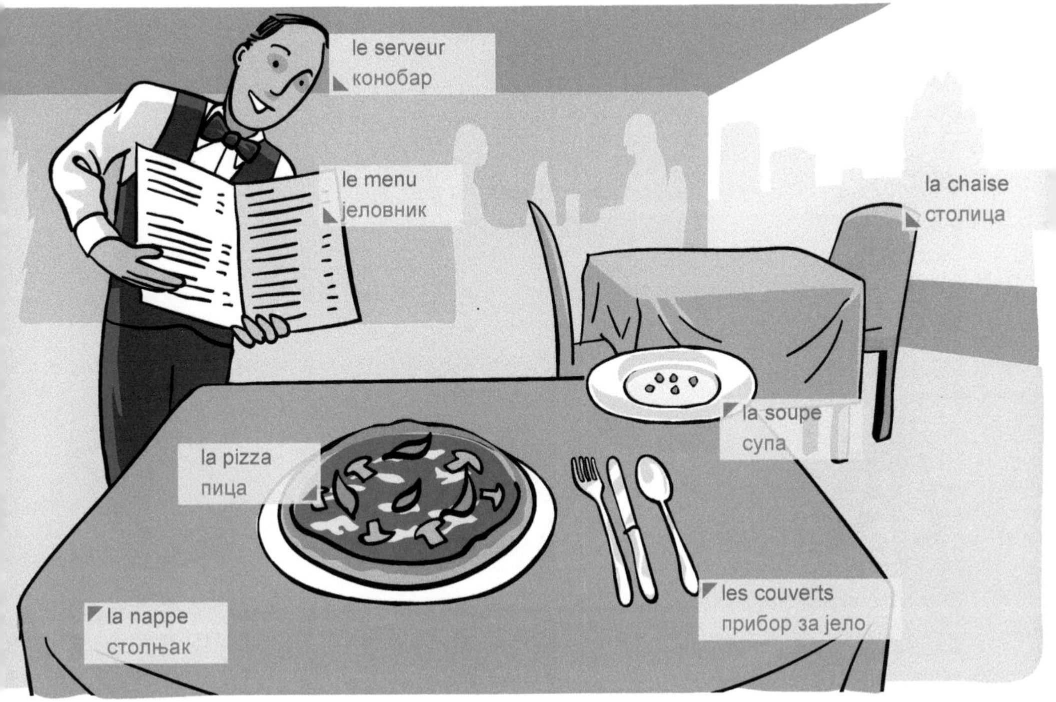
le serveur
конобар
le menu
јеловник
la chaise
столица
la soupe
супа
la pizza
пица
les couverts
прибор за јело
la nappe
столњак

les hors d'œuvre

предјело

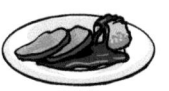

le plat principal

главно јело

le dessert

десерт

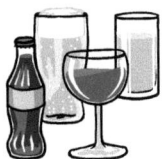

les boissons

напитци

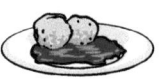

l'alimentation

јело

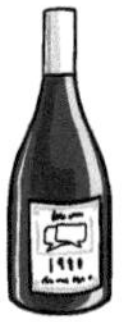

la bouteille

флаша

le fast-food

брза храна

les plats à emporter

имбис храна

la théière

чајник

le sucrier

доза за шећер

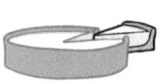

la portion

порција

la machine à expresso

апарат за еспресо

la chaise haute

висока столица

la facture

рачун

le plateau

послужавник

le couteau

нож

la fourchette

виљушка

la cuillère

кашика

la cuillère à thé

чајна кашика

la serviette

салвета

le verre

чаша

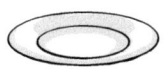

l'assiette

тањир

l'assiette à soupe

тањир за супу

la soucoupe

тањирић

la sauce

сос

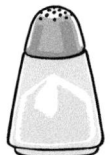

la salière

сољенка

le moulin à poivre

млин за бибер

le vinaigre

сирће

l'huile

уље

les épices

зачини

le ketchup

кечап

la moutarde

сенф

la mayonnaise

мајонеза

le supermarché
супермаркет

l'offre promotionnelle
понуда
FOR
le client
купац
les produits laitiers
млечни производи
les fruits
воће
le chariot
колица за куповину

BUTCHERS

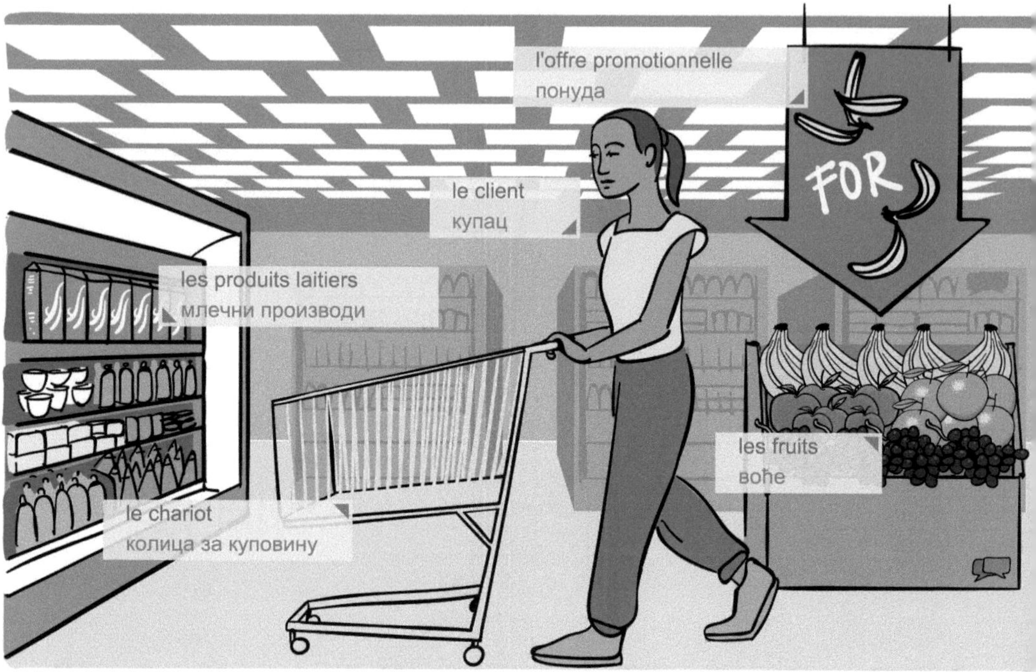

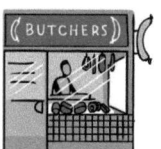

la boucherie

месница

BAKERY

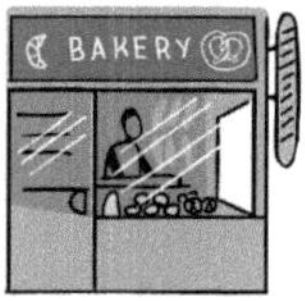

la boulangerie

пекара

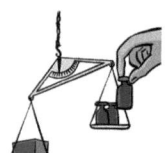

peser

вагати

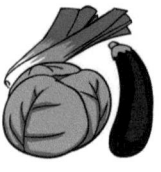

les légumes

поврће

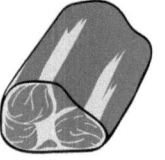

la viande

месо

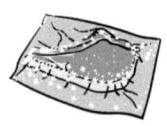

les aliments surgelés

смрзнута храна

la charcuterie

нарезак

les conserves

конзерве

la poudre à lessive

средство за прање

les bonbons

слаткиши

les articles ménagers

артикли за домаћинство

les détergents

средства за чишћење

la vendeuse

продавачица

la caisse

благајна

le caissier

благајник

la liste d'achats

листа за куповину

les heures d'ouverture

време рада

le portefeuille

новчаник

la carte de crédit

кредитна картица

le sac

торба

les détergents

le sac en plastique

пластична кеса

les boissons
напитци

l'eau

вода

le jus de fruit

сок

le lait

млеко

le coca

кола

le vin

вино

la bière

пиво

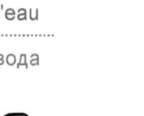

l'alcool

алкохол

le chocolat chaud

какао

le thé

чај

le café

кава

l'expresso

еспресо

le cappuccino

капучино

la banane

банана

la pomme

јабука

l'orange

наранџа

le melon

лубеница

le citron.

лимун

la carotte

шаргарепа

l'ail

бели лук

le bambou

бамбус

l'oignon

лук

le champignon

гљива

les noisettes

орашасти плодови

les pâtes

резанци

les spaghetti

шпагете

le riz

рижа

la salade

салата

les pommes frites

помфрит

les pommes de terre rôties

печени крумпир

la pizza

пица

le hamburger

хамбургер

le sandwich

сендвич

l'escalope

шницла

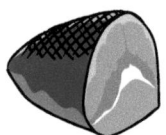

le jambon

шунка

le salami

салама

la saucisse

кобасица

le poulet

кокош

le rôti

печење

le poisson

риба

les flocons d'avoine

зобене пахуљице

le muesli

мусли

les cornflakes

кукурузне пахуљице

la farine

брашно

le croissant

кроасан

les petits-pains

пециво

le pain

хлеб

le pain grillé

тоаст

les biscuits

кекси

le beurre

маслац

le fromage blanc

свежи сир

le gâteau

колач

l'œuf

jaje

l'œuf au plat

jaje на око

le fromage

сир

la glace

сладолед

le sucre

шећер

le miel

мед

la confiture

мармелада

la crème nougat

нугат крема

le curry

кари

la ferme
сеоско газдинство

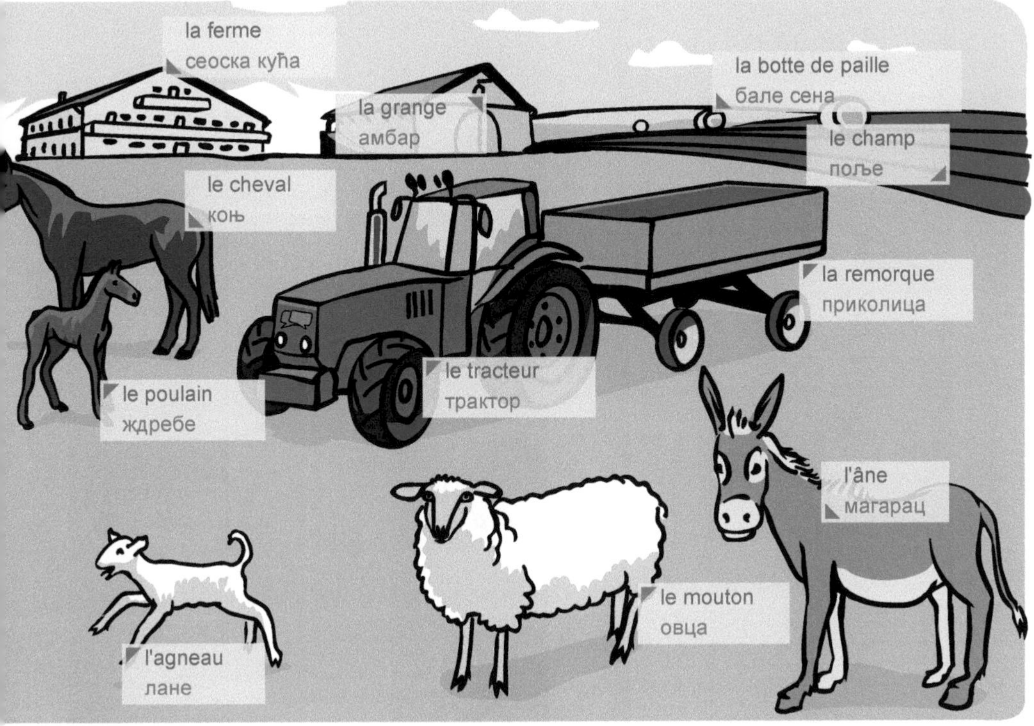
la ferme
сеоска кућа
la botte de paille
бале сена
la grange
амбар
le champ
поље
le cheval
коњ
la remorque
приколица
le tracteur
трактор
le poulain
ждребе
l'âne
магарац
le mouton
овца
l'agneau
лане

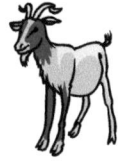

la chèvre

коза

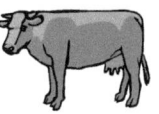

la vache

крава

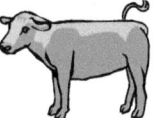

le veau

теле

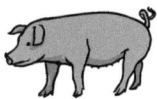

le porc

свиња

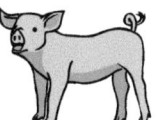

le porcelet

прасе

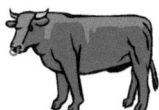

le taureau

бик

l'oie

гуска

le canard

патка

le poussin

пилићи

la poule

кокош

le coq

петао

le rat

пацов

le chat

мачка

la souris

миш

le bœuf

вол

le chien

пас

le chenil

кућица за пса

le tuyau de jardin

вртно црево

l'arrosoir

канта за поливање

la faucheuse

коса

la charrue

плуг

la faucille

срп

la pioche

мотика

la fourche

виљушка за ђубриво

la hache

секира

la brouette

тачке

la cuve

корито

le pot à lait

посуда за млеко

le sac

вређа

la clôture

ограда

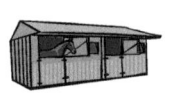

l'étable

штала

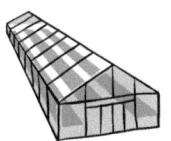

le serre

стакленик

le sol

земља

les semences

семе

l'engrais

ђубриво

la moissonneuse-batteuse

комбајн

récolter

жети

la récolte

жетва

l'igname

јамс зачин

le blé

пшеница

le soja

соја

la pomme de terre

кромпир

le maïs

кукуруз

le colza

уљана репица

l'arbre fruitier

воћка

le manioc

гомољ маниоке

les céréales

житарице

la maison

кућа

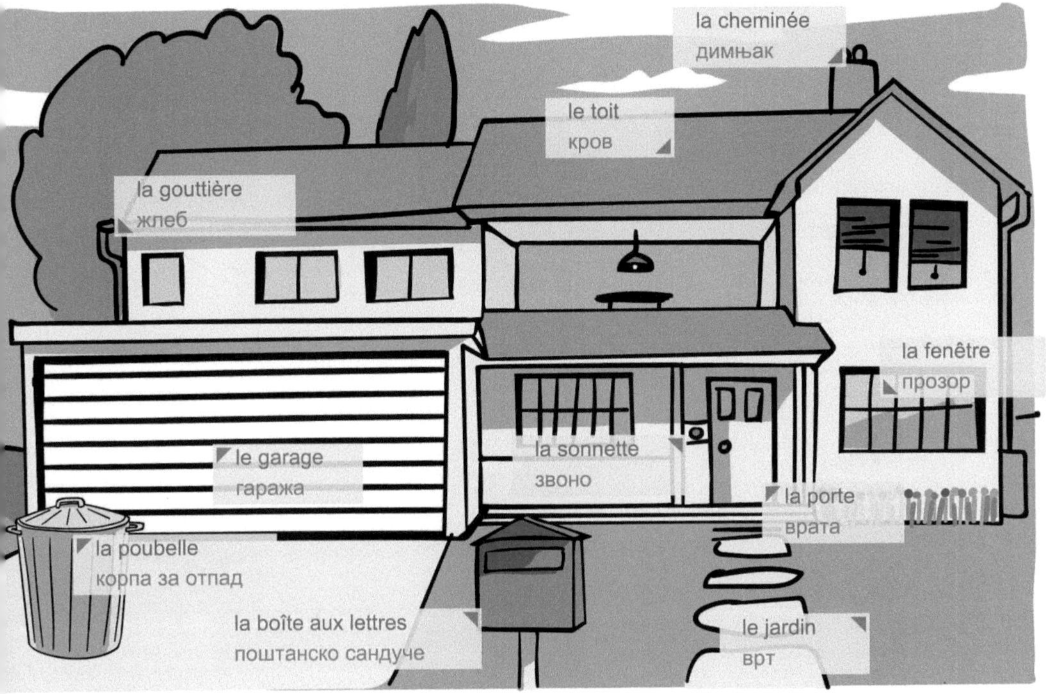
la cheminée
димњак
le toit
кров
la gouttière
жлеб
la fenêtre
прозор
le garage
гаража
la sonnette
звоно
la porte
врата
la poubelle
корпа за отпад
la boîte aux lettres
поштанско сандуче
le jardin
врт

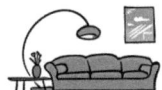

le salon

дневна соба

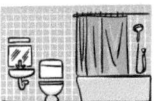

la salle de bain

купаоница

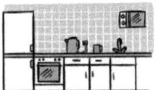

la cuisine

кухиња

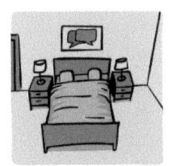

la chambre à coucher

спаваћа соба

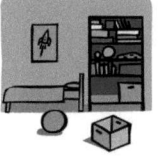

la chambre d'enfant

дечија соба

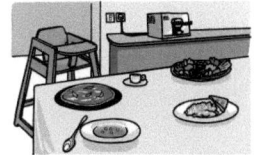

la salle à manger

трпезарија

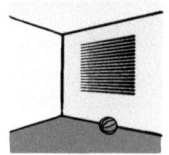

le sol
под

le mur
зид

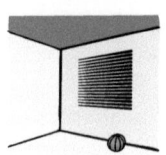

le plafond
строп

la cave
подрум

le sauna
сауна

le balcon
балкон

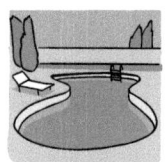

la terrasse
тераса

la piscine
базен

la tondeuse à gazon
косилица за траву

la housse
постељина за кревет

la couette
дека за кревет

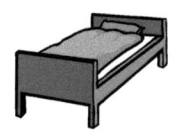

le lit
кревет

le balai
метла

le sceau
канта

l'interrupteur
прекидач

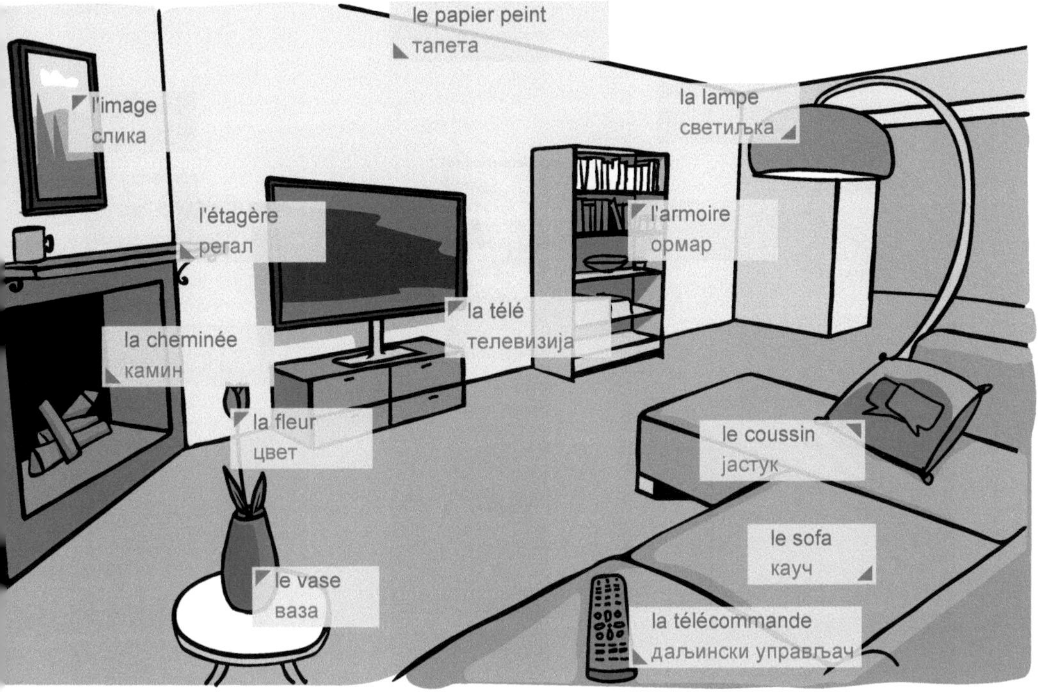

le papier peint
тапета

l'image
слика

la lampe
светиљка

l'étagère
регал

l'armoire
ормар

la cheminée
камин

la télé
телевизија

la fleur
цвет

le coussin
јастук

le sofa
кауч

le vase
ваза

la télécommande
даљински управљач

le tapis

тепих

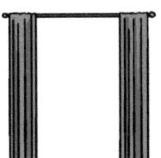

le rideau

завеса

la table

сто

la chaise

столица

la chaise à bascule

столица за њихање

le fauteuil

фотеља

le livre

књига

la couverture

дека

la décoration

декорација

le bois de chauffage

дрво за огрев

le film

филм

la chaîne hi-fi

хи-фи уређај

la clé

кључ

le journal

новине

la peinture

слика на платну

le poster

постер

la radio

радио

le bloc-notes

блок за писање

l'aspirateur

усисивач

le cactus

кактус

la bougie

свећа

la cuisine

кухиња

le réfrigérateur
фрижидер
le four à micro-ondes
микроталасна рерна
la balance de cuisine
кухињска вага
le grille-pain
тоастер
le détergent
средство за чишћење
le four
рерна
le compartiment congélateur
претинац за замрзавање
la poubelle
корпа за отпад
le lave-vaisselle
машина за прање суђа

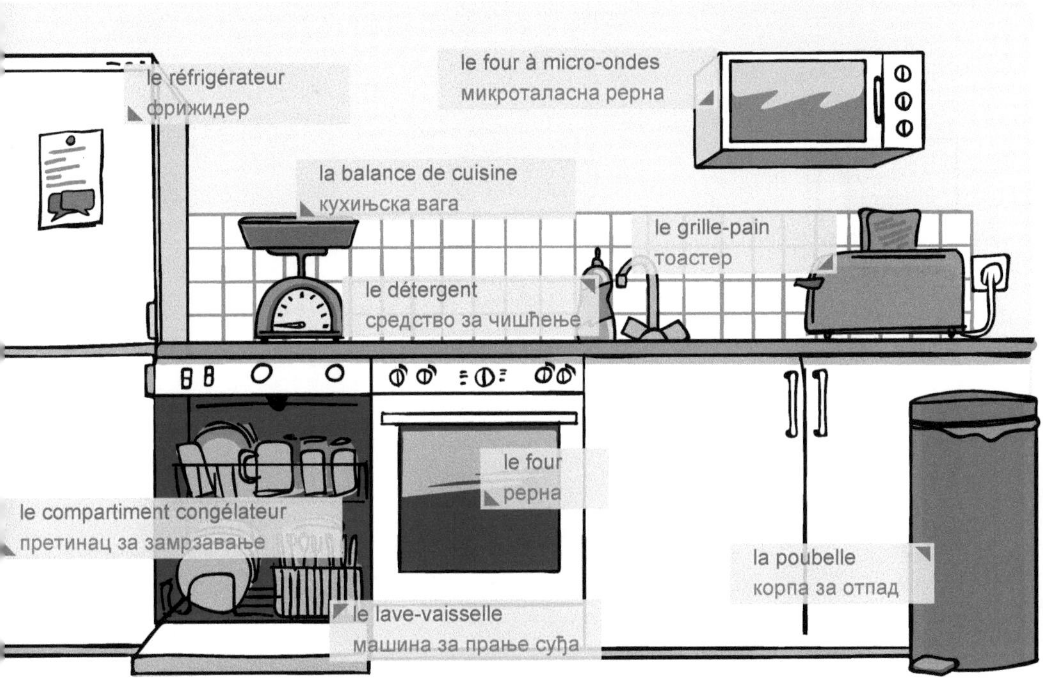

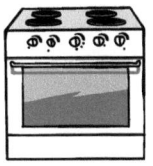

le four

шпорет

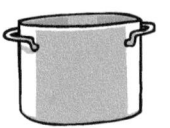

la casserole

лонац

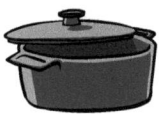

la marmite

гвоздени лонац

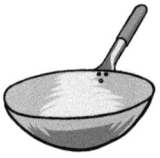

le wok / kadai

вок / кадаи

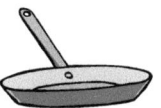

la poêle

тава

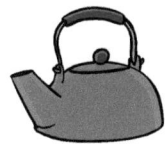

la bouilloire electrique

кувало за воду

le cuiseur vapeur

кувало на пару

la plaque de cuisson

лим за печење

la vaisselle

посуђе

le gobelet

чаша

la coupe

посуда

les baguettes

штапићи за јело

la louche

кутлача

la spatule

лопатица

le fouet

пењача

la passoire

сито за кување

le tamis

сито

la râpe

рибеж

le mortier

мужар

le barbecue

роштиљ

la cheminée

огњиште

la planche à découper

даска

le rouleau à pâtisserie

оклагија

le tire-bouchon

вадичеп

la boîte

конзерва

l'ouvre-boîte

отварач конзерви

les maniques

крпа за лонац

le lavabo

судопер

la brosse

четка

l'éponge

сунђер

le mixeur

миксер

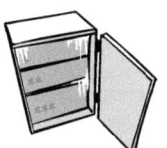

le congélateur

замрзивач

le biberon

флашица за бебе

le robinet

славина за воду

la salle de bain
купаоница

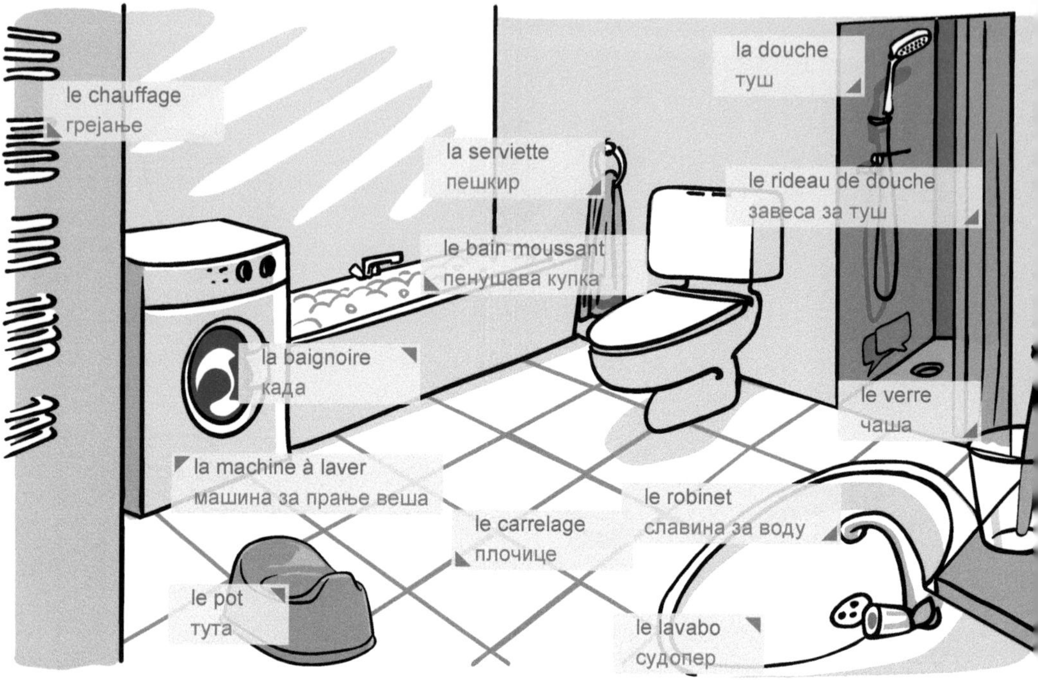

le chauffage
грејање

la douche
туш

la serviette
пешкир

le rideau de douche
завеса за туш

le bain moussant
пенушава купка

la baignoire
када

le verre
чаша

la machine à laver
машина за прање веша

le carrelage
плочице

le robinet
славина за воду

le pot
тута

le lavabo
судопер

les toilettes

тоалет

la toilette à la turque

чучавац

le bidet

бидет

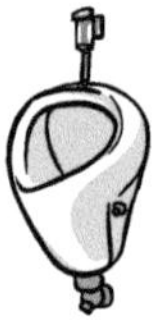

l'urinoir

писоар

le papier toilette

тоалетни папир

la brosse à toilette

четка за тоалет

la brosse à dents

четкица за зубе

le dentifrice

паста за зубе

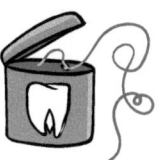

le fil dentaire

конац за зубе

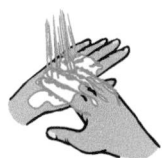

laver

прати

la douche manuelle

туш ручица

la douche intime

туш за прање интимних делова

la vasque

лавор

la brosse dorsale

четка за прање леђа

le savon

сапун

le gel douche

гел за туширање

le shampooing

шампон

le gant de toilette

крпа за прање

l'écoulement

одвод

la crème

крема

le déodorant

дезодоранс

la salle de bain - купаоница

le miroir

огледало

le miroir cosmétique

козметичко огледало

le rasoir

бријач

la mousse à raser

пена за бријање

l'après-rasage

лосион за после бријања

la peigne

чешаљ

la brosse

четка

le sèche-cheveux

фен за косу

la laque pour cheveux

спреј за косу

le fond de teint

шминка

le rouge à lèvres

руж за усне

le vernis à ongles

лак за нокте

l'ouate

вата

le coupe-ongles

маказе за нокте

le parfum

парфем

la trousse de toilette

козметичка торбица

le tabouret

столица

le pèse-personne

вага

le peignoir

огртач

les gants de nettoyage

рукавице за чишћење

le tampon

тампон

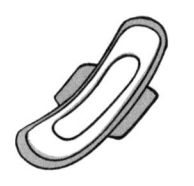

es serviettes hygiéniques

уложак

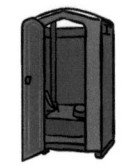

la toilette chimique

хемијски тоалет

la chambre d'enfant

дечија соба

le réveil
будилник
le doudou
плишана играчка
la voiture jouet
ауто играчка
le hochet
звечка
la maison de poupée
кућица за лутке
le cadeau
поклон

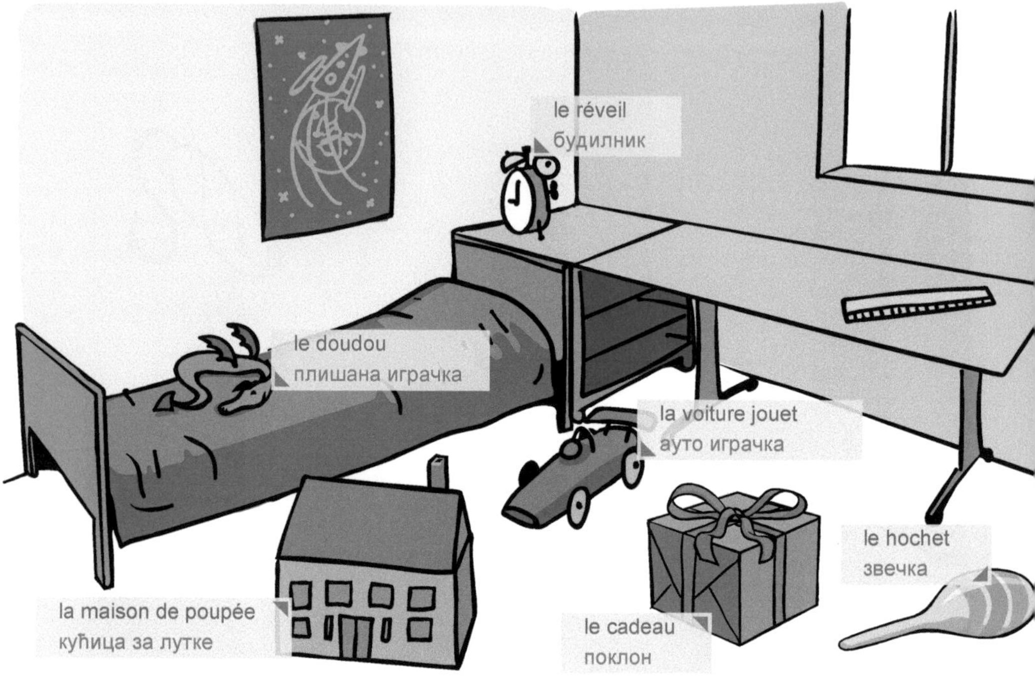

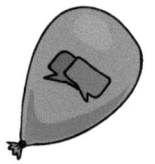

le ballon

балон

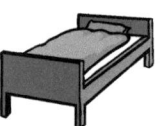

le lit

кревет

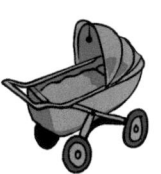

la poussette

дјечија колица

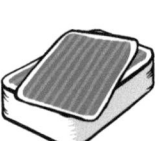

le jeu de cartes

игра са картама

le puzzle

слагалица

SUPER
MEGA

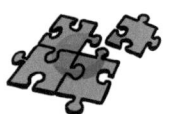

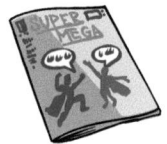

la bande dessinée

стрип

les pièces lego

лего коцкице

les blocs de construction

коцкице за слагање

la figurine

акциони јунак

la grenouillère

бенкица за бебе

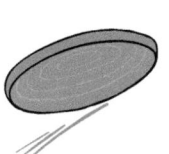

le frisbee

фризби

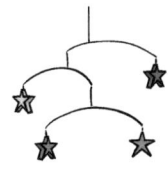

le mobile

висеће играчке

le jeu de société

друштвене игре

le dé

коцка

le train miniature

минијатурна жељезница

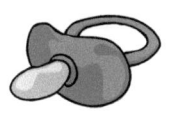

la sucette

дуда

la fête

забава

le livre d'images

сликовница

la balle

лопта

la poupée

лутка

jouer

играти

le bac à sable

пешчаник

la balançoire

љуљачка

les jouets

играчка

la console de jeu

конзола за игре

le tricycle

трицикл

l'ours en peluche

теди

l'armoire

ормар

les vêtements

одећа

les chaussettes

кратке чарапе

les bas

чарапе

le collant

хулахопке

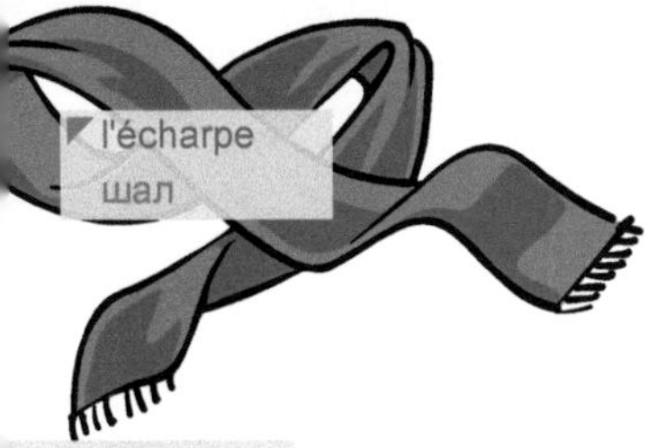

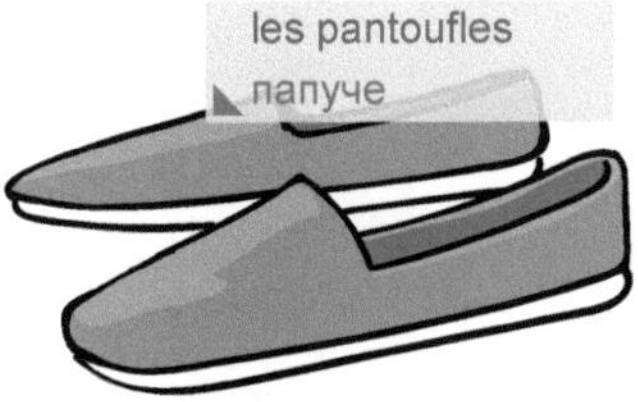

l'écharpe
шал

le parapluie
кишобран

le t-shirt
мајица

la ceinture
каиш

les bottes
чизме

les pantoufles
папуче

les baskets
патике

les sandales
....
сандале

les chaussures
....
ципеле

les bottes de caoutchouc
....
гумене чизме

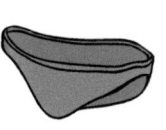

les sous-vêtements
....
гаћице

le soutien-gorge
....
грудњак

le maillot de corps
....
поткошуља

les vêtements - одећа

le body

боди

le pantalon

панталоне

le jean

фармерке

la jupe

сукња

le chemisier

блуза

la chemise

кошуља

le pull

џемпер

le sweat à capuche

џемпер с капуљачом

la veste

сако

la veste

јакна

le manteau

мантил

l'imperméable

кабаница

le costume

костим

la robe

хаљина

la robe de mariée

венчаница

les vêtements - одећа

le costume

одело

la chemise de nuit

спаваћица

le pyjama

пиџама

le sari

сари

le foulard

марама за главу

le turban

турбан

la burqa

бурка

le caftan

кафтан

l'abaya

абаја

le maillot de bain

купаћи костим

le maillot de bain

купаће гаћице

le short

кратке панталоне

la tenue d'entraînement

одећа за тренинг

le tablier

кецеља

les gants

рукавице

le bouton

дугме

les lunettes

наочаре

le bracelet

наруквица

le collier

огрлица

la bague

прстен

la boucle d'oreille

наушница

le bonnet

капа

le cintre

вешалица

le chapeau

шешир

la cravate

кравата

la fermeture éclair

патент затварач

le casque

кацига

les bretelles

нараменице

l'uniforme scolaire

школска униформа

l'uniforme

униформа

les vêtements - одећа

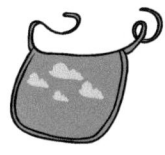

le bavoir

подбрадак

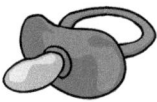

la sucette

дуда

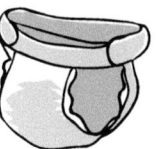

la lange

пелена

le bureau

канцеларија

le serveur
сервер
l'armoire d'archivage
ормар за списе
l'imprimante
штампач
le papier
папир
l'écran
монитор
la souris
миш
le bureau
писаћи сто
le classeur
мапа
le clavier
тастатура
la corbeille à papier
кошара за папир
l'ordinateur
компјутер
la chaise
столица

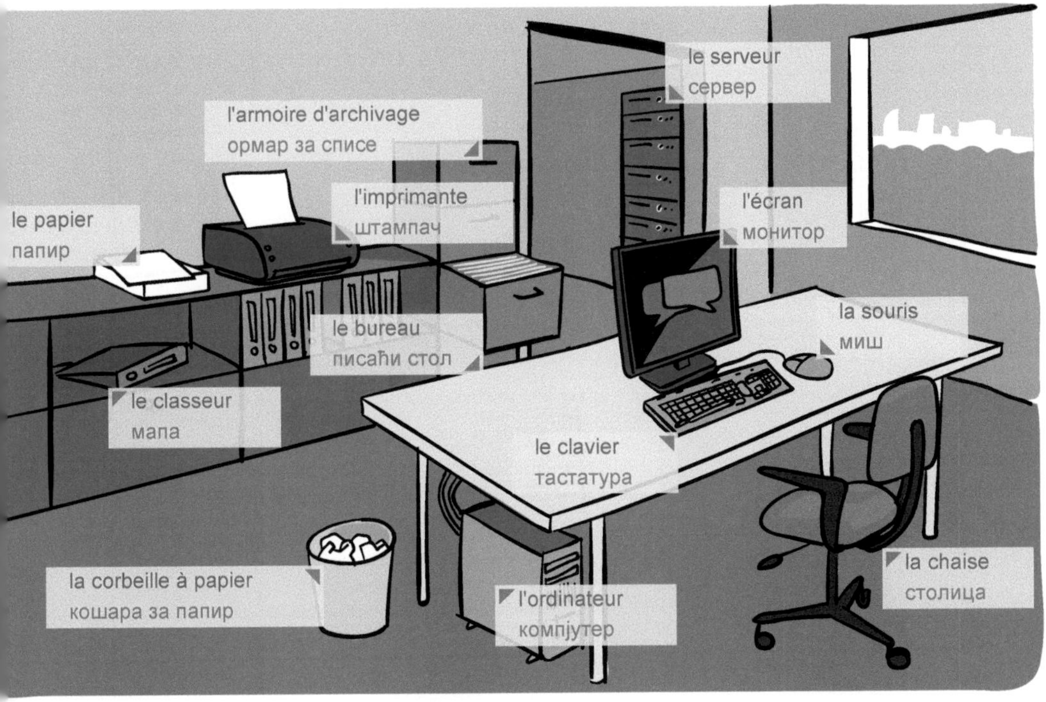

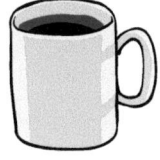

la tasse de café

шалица за каву

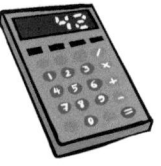

la calculatrice

калкулатор

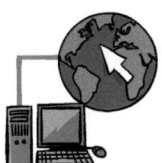

l'internet

интернет

l'ordinateur portable

лаптоп

la lettre

писмо

le message

порука

le portable

мобилни телефон

le réseau

мрежа

la photocopieuse

уређај за копирање

le logiciel

софтвер

le téléphone

телефон

la prise

утичница

le fax

факс

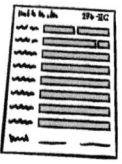

le formulaire

формулар

le document

документ

acheter

куповати

payer

платити

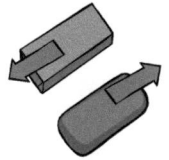

faire du commerce

трговати

la monnaie

новац

le dollar

долар

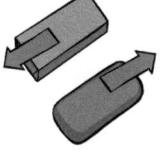 

l'euro

евро

le yen

јен

le rouble

рубља

le franc suisse

швајцарски франак

le renminbi yuan

ренминдби јуан

la roupie

рупија

le distributeur automatique

аутомат за новац

le bureau de change

мењачница

l'or

злато

l'argent

сребро

le pétrole

нафта

l'énergie

енергија

le prix

цена

le contrat

уговор

la taxe

порез

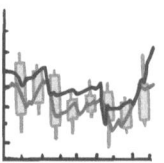

l'action

деонице

travailler

радити

l'employé

службеник

l'employeur

послодавац

l'usine

фабрика

le magasin

продавница

les professions

занимања

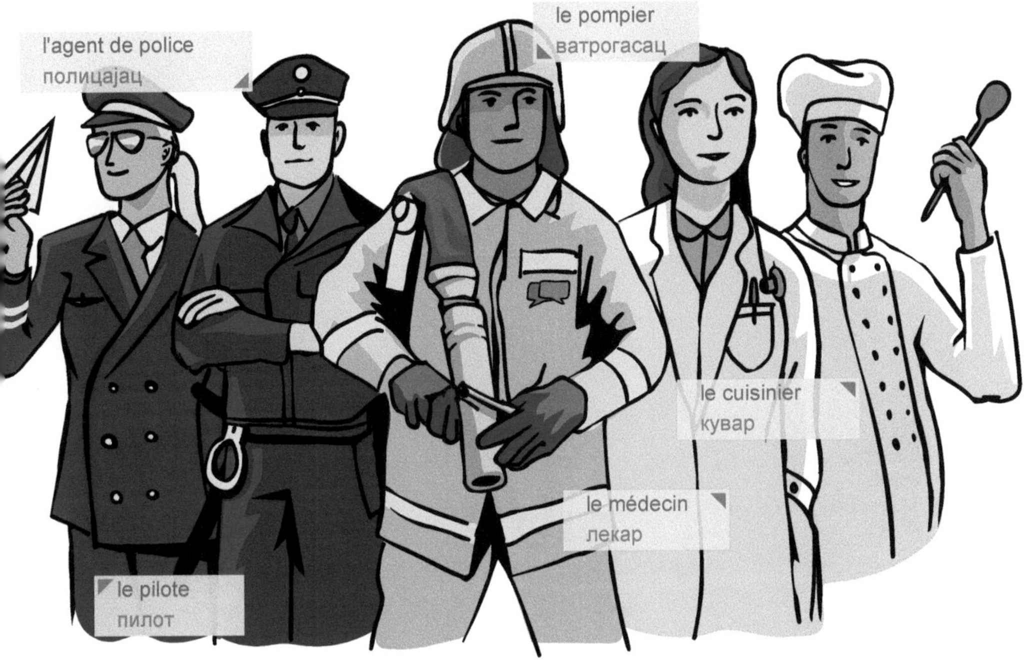

l'agent de police
полицајац
le pompier
ватрогасац
le cuisinier
кувар
le médecin
лекар
le pilote
пилот

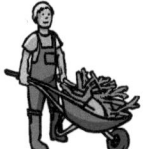

le jardinier

вртлар

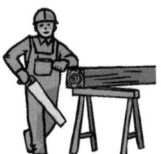

le menuisier

столар

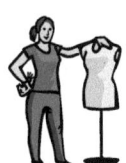

la couturière

кројачица

le juge

судија

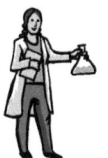

le chimiste

хемичар

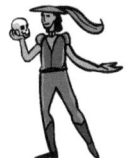

l'acteur

глумац

le conducteur de bus

возач аутобуса

le chauffeur de taxi

возач таксија

le pêcheur

рибар

la femme de ménage

чистачица

le couvreur

кровопокривач

le serveur

конобар

le chasseur

ловац

le peintre

сликар

le boulanger

пекар

l'électricien

електричар

l'ouvrier

грађевински радник

l'ingénieur

инжењер

le boucher

месар

le plombier

лимар

le facteur

поштар

le soldat

војник

l'architecte

архитекта

le caissier

благајник

le fleuriste

цвећар

le coiffeur

фризер

le contrôleur

кондуктер

le mécanicien

механичар

le capitaine

капетан

le dentiste

зубар

le scientifique

научник

le rabbin

раби

l'imam

имам

le moine

монах

le prêtre

свећеник

les professions - занимања

les outils
алати

les pinces
клешта
le marteau
чекић
le tournevis
одвијач
la torche
џепна лампа
la clé
кључ за завртње

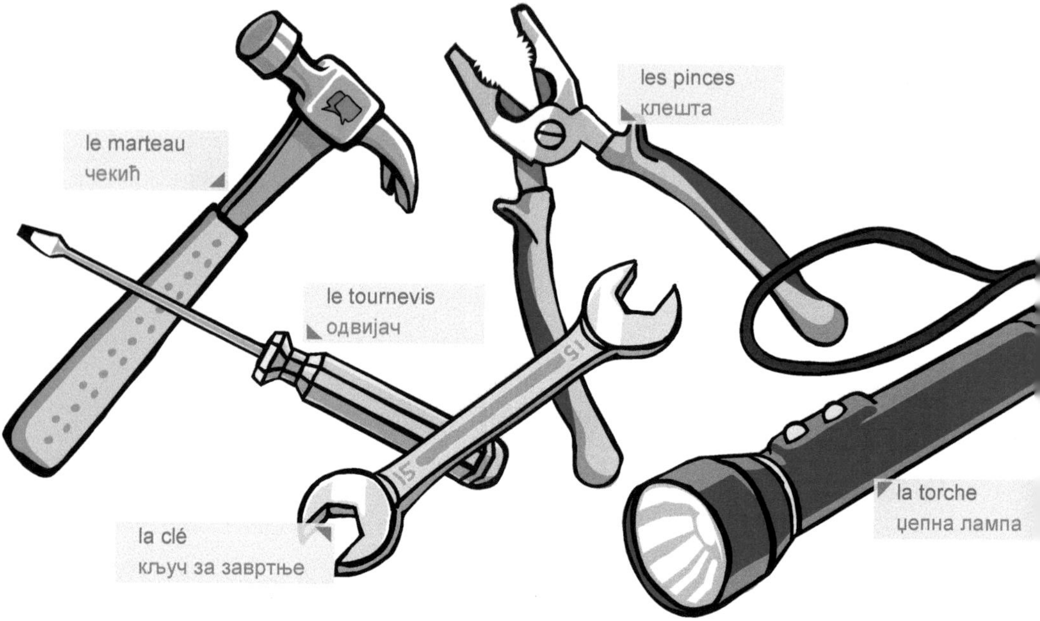

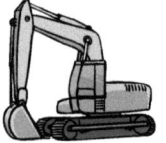

la pelleteuse

багер

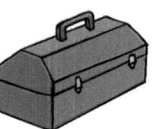

la boîte à outils

кутија за алат

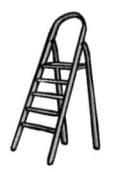

l'échelle

мердевине

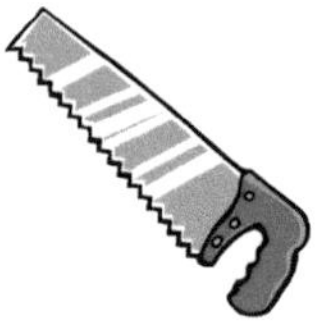

la scie

пила

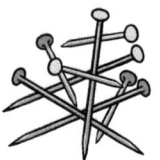

les clous

ексер

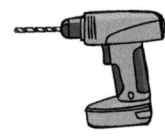

la perceuse

бушилица

réparer

поправити

la pelle

лопата

Mince !

до ђавола!

la pelle

лопатица

le pot de peinture

лонац за боју

les vis

завртањи

les instruments de musique
музички инструмент

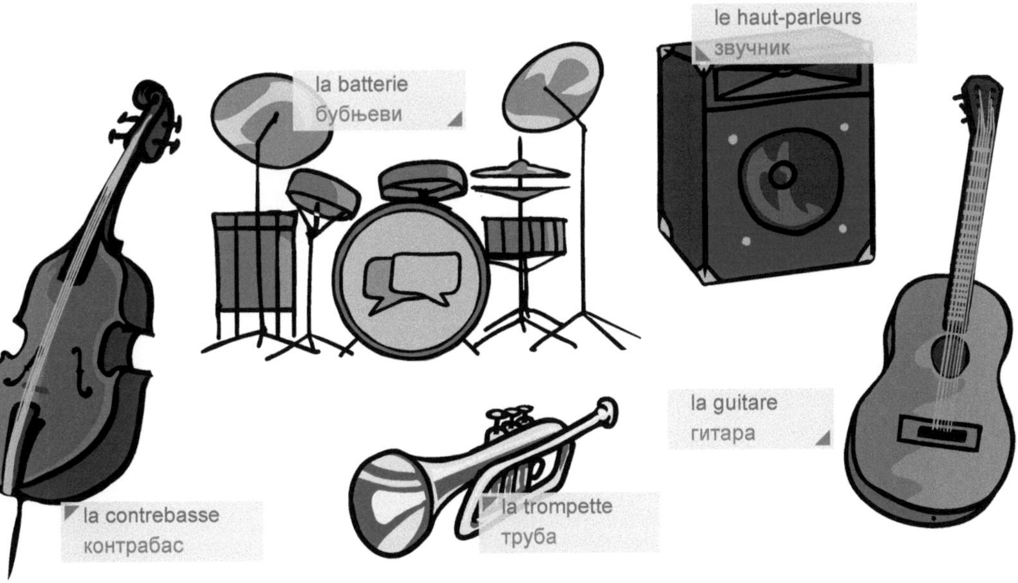

le haut-parleurs
звучник

la batterie
бубњеви

la guitare
гитара

la contrebasse
контрабас

la trompette
труба

le piano

клавир

le violon

виолина

la basse

бас

les timbales

тимпани

le tambour

удараљке за бубњеве

le piano électrique

типке клавира

le saxophone

саксофон

la flûte

флаута

le microphone

микрофон

le zoo

зоолошки врт

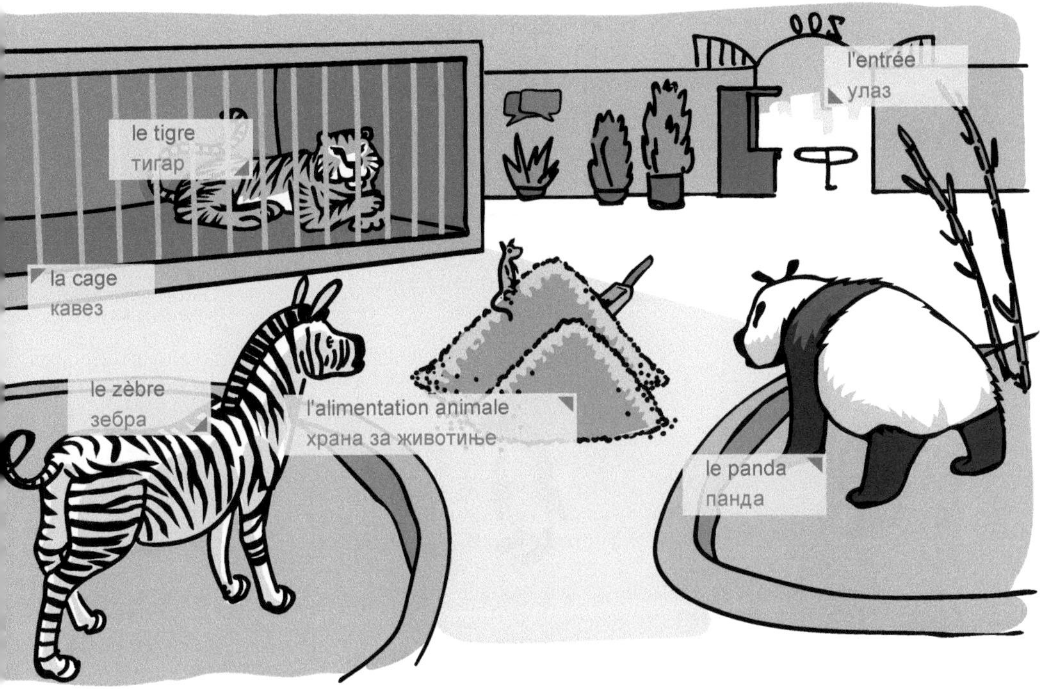
ZOO
l'entrée
улаз
le tigre
тигар
la cage
кавез
le zèbre
зебра
l'alimentation animale
храна за животиње
le panda
панда

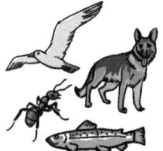

les animaux

животиње

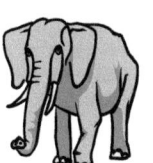

l'éléphant

слон

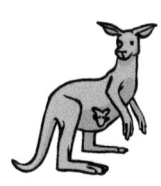

le kangourou

кенгур

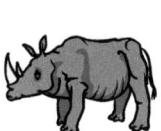

le rhinocéros

носорог

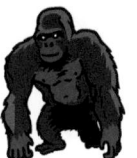

le gorille

горила

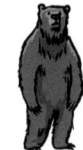

l'ours

медвед

le chameau

камила

l'autruche

нoj

le lion

лав

le singe

мajмун

le flamand rose

фламинго

le perroquet

папагај

l'ours polaire

поларни медвед

le pingouin

пингвин

le requin

ajкула

le paon

паун

le serpent

змија

le crocodile

крокодил

le gardien de zoo

чувар у зоолошком врту

le phoque

туљан

le jaguar

jaгyaр

le zoo - зоолошки врт

le poney

пони

le léopard

леопард

l'hippopotame

нилски коњ

la girafe

жирафа

l'aigle

орао

le sanglier

дивља свиња

le poisson

риба

la tortue

корњача

le morse

морж

le renard

лисица

la gazelle

газела

les sports
спорт

l'american Football
амерички ногомет

le cyclisme
бициклизам

le tennis
тенис

le basket-ball
кошарка

la natation
пливање

la boxe
бокс

le hockey sur glace
хокеј на леду

le football
фудбал

le badminton
бадминтон

l'athlétisme
атлетика

le handball
рукомет

le ski
скијање

le polo
поло

les activités
активности

sauter
скочити
embrasser
загрлити
rire
смејати се
marcher
ићи
chanter
певати
rêver
сањати
prier
молити се
faire la bise
пољубити

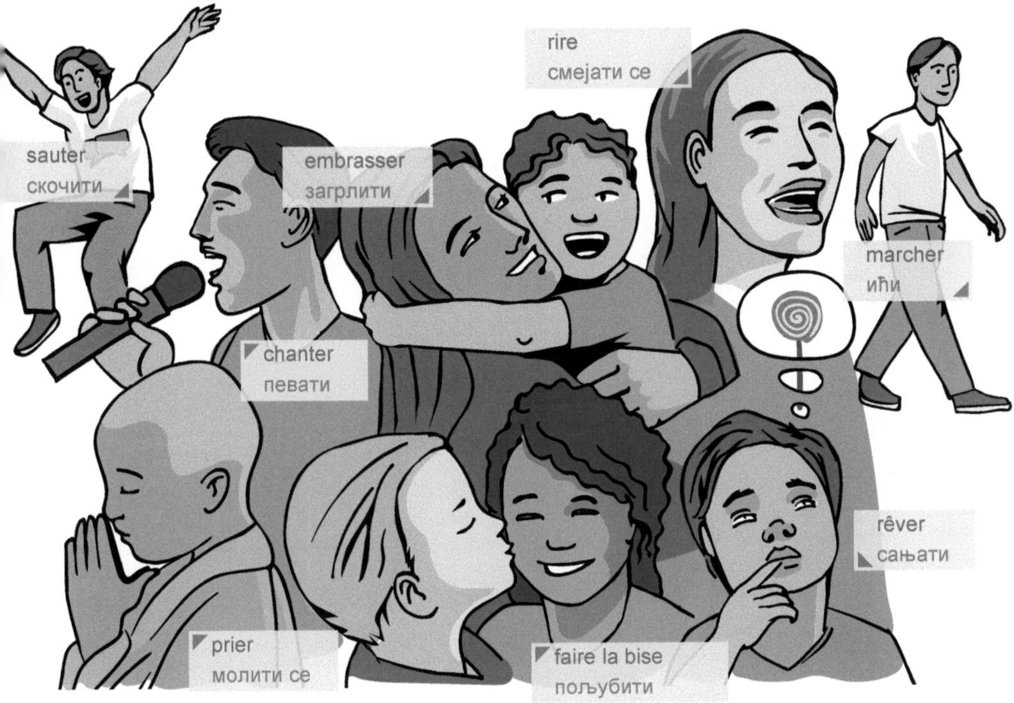

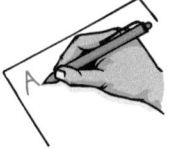

écrire

писати

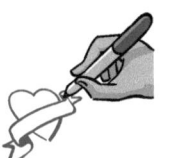

dessiner

цртати

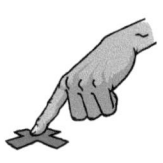

montrer

показати

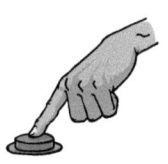

pousser

гурати

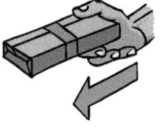

donner

дати

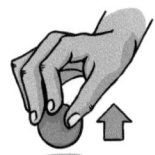

prendre

узети

avoir

имати

faire

чинити

être

бити

être debout

стојати

courir

трчати

trier

повлачити

jeter

бацити

tomber

падати

être couché

лежати

attendre

чекати

porter

носити

être assis

седити

s'habiller

облачити

dormir

спавати

se réveiller

пробудити се

regarder

гледати

pleurer

плакати

caresser

миловати

peigner

чешљати

parler

говорити

comprendre

разумети

demander

питати

écouter

слушати

boire

пити

manger

јести

ranger

поспремити

aimer

волети

cuire

кухати

conduire

возити

voler

летети

les activités - активности

faire de la voile

пловити

calculer

рачунати

lire

читати

apprendre

учити

travailler

радити

se marier

венчати се

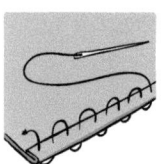

coudre

шити

brosser les dents

прати зубе

tuer

убити

fumer

пушити

envoyer

послати

la famille

породица

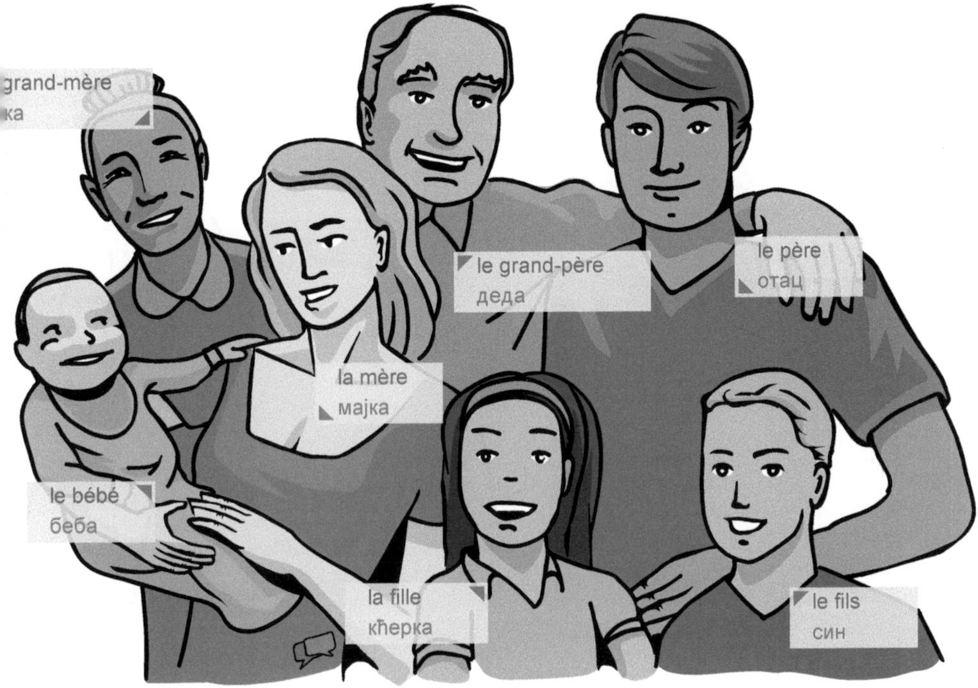
grand-mère
ка
le grand-père
деда
le père
отац
la mère
мајка
le bébé
беба
la fille
кћерка
le fils
син

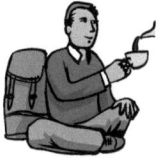

l'hôte

гост

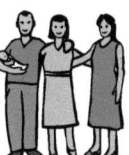

la tante

тетка

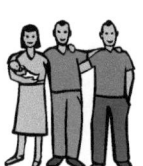

l'oncle

ујак, стриц

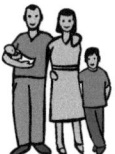

le frère

брат

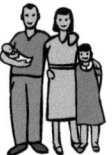

la sœur

сестра

le corps

тело

le front
чело
l'œil
око
l'épaule
раме
le doigt
прст
le visage
лице
le menton
брада
la main
рука
la jambe
нога
la poitrine
груди
le bras
рука

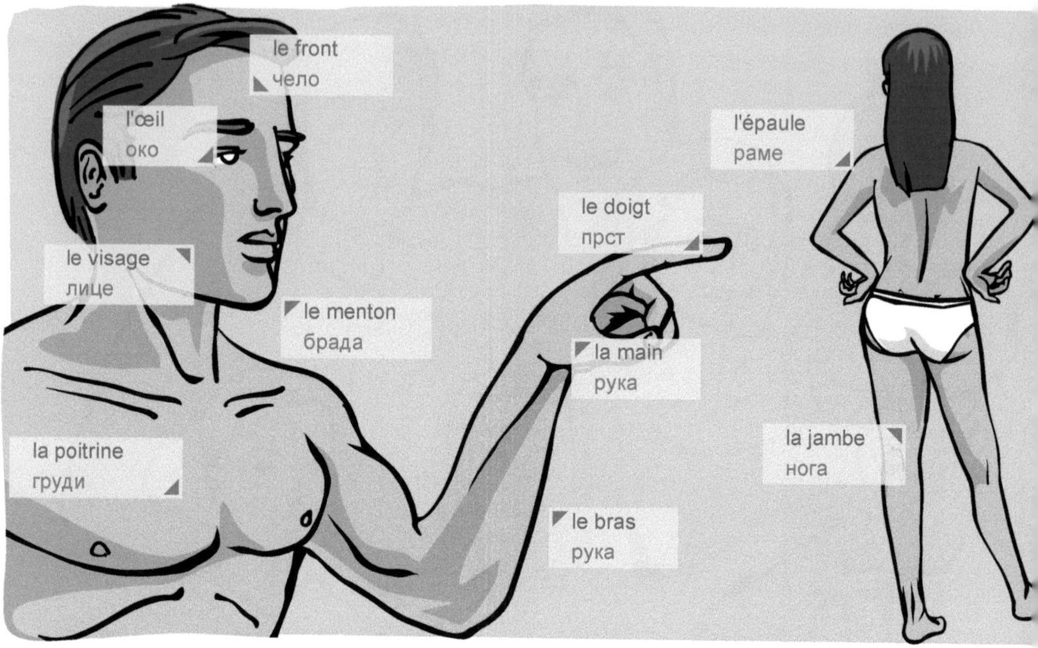

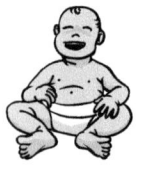

le bébé

беба

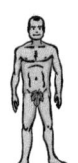

l'homme

мушкарац

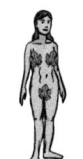

la femme

жена

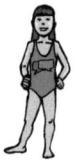

la fille

девојчица

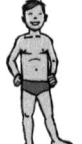

le garçon

дечак

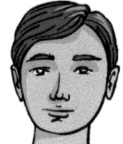

la tête

глава

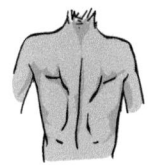

le dos

лећа

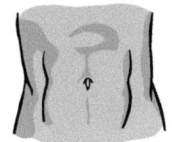

le ventre

стомак

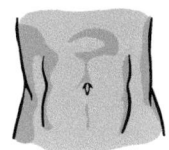

le nombril

пупак

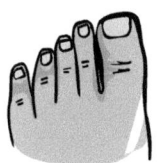

l'orteil

ножни прст

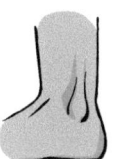

le talon

пета

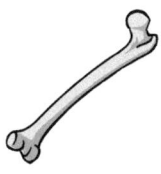

l'os

кост

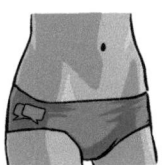

la hanche

кукови

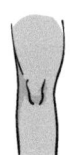

le genou

колено

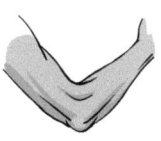

le coude

лакат

le nez

нос

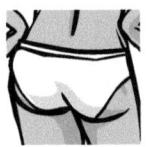

les fesses

задњица

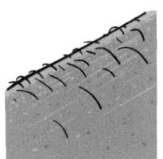

la peau

кожа

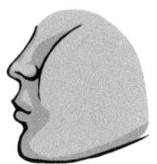

la joue

образ

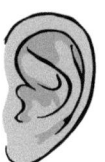

l'oreille

уво

la lèvre

усна

la bouche
уста

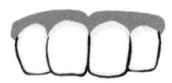

la dent
зуб

la langue
језик

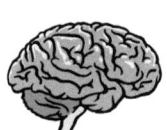

le cerveau
мозак

le cœur
срце

le muscle
мишић

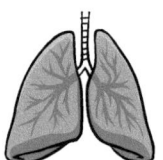

les poumons
плућа

le foie
јетра

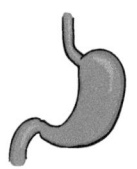

l'estomac
желудац

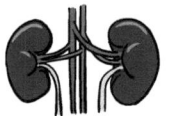

les reins
бубрези

le rapport sexuel
полни однос

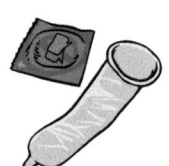

le préservatif
кондом

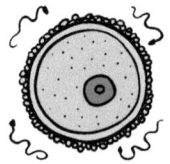

l'ovule
јајна ћелија

le sperme
сперма

la grossesse
трудноћа

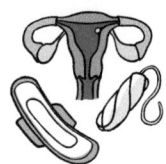

la menstruation

менструација

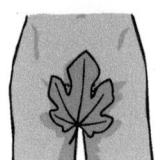

le vagin

вагина

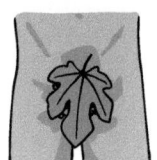

le pénis

пенис

le sourcil

обрва

les cheveux

коса

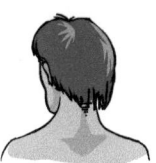

le cou

врат

l'hôpital

болница

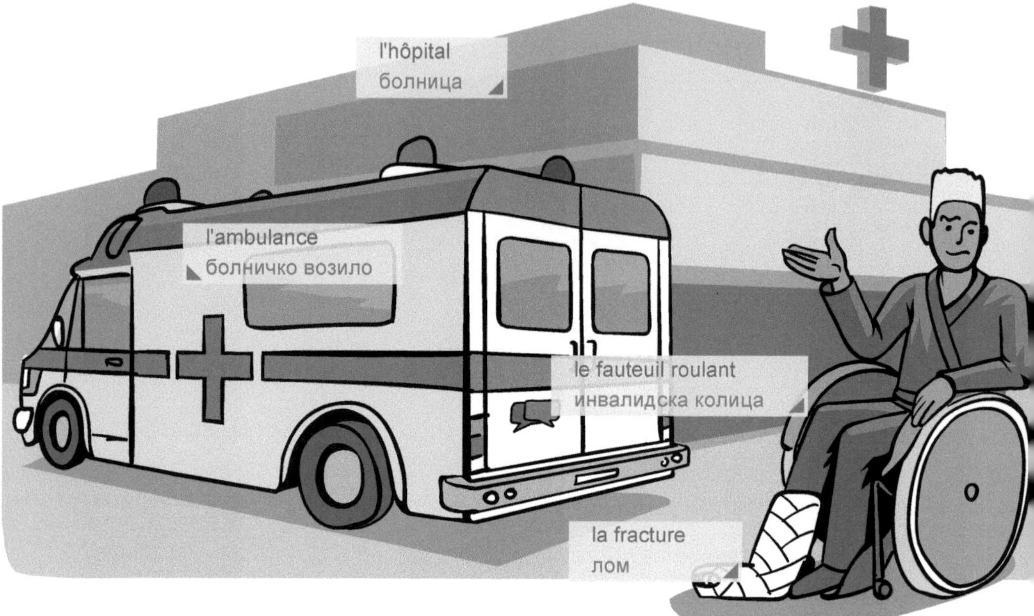

l'hôpital
болница
l'ambulance
болничко возило
le fauteuil roulant
инвалидска колица
la fracture
лом

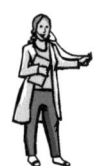

le médecin
лекар

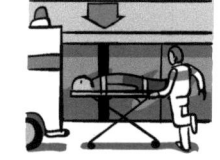

le service des urgences
хитна медицинска служба

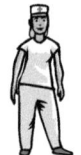

l'infirmière
медицинска сестра

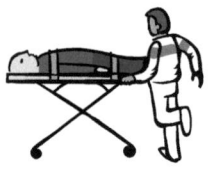

l'urgence
хитни случај

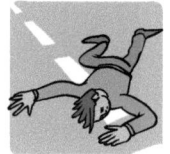

inconscient
несвест

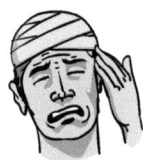

la douleur
бол

la blessure

повреда

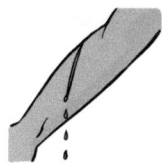

l'hémorragie

крварење

la crise cardiaque

срчани удар

l'attaque cérébrale

удар

l'allergie

алергија

la toux

кашаљ

la fièvre

грозница

la grippe

грипа

la diarrhée

пролив

le mal de tête

главобоља

le cancer

рак

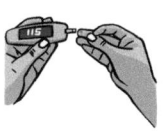

le diabète

дијабетес

le chirurgien

хирург

le scalpel

скалпел

l'opération

операција

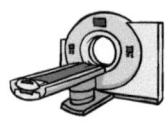

le CT

цт

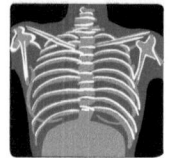

la radiographie

рентген

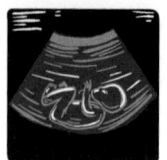

l'échographie

ултразвук

le masque

маска

la maladie

болест

la salle d'attente

чекаона

la béquille

штака

le pansement

фластер

le pansement

завој

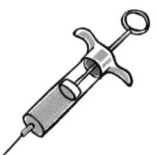

l'injection

ињекција

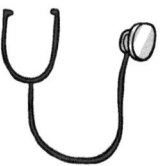

le stéthoscope

стетоскоп

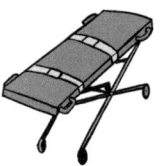

le brancard

носила

le thermomètre

термометар

l'accouchement

рођење

la surcharge pondérale

прекомерна тежина

l'appareil auditif

слушни апарат

le désinfectant

средство за дезинфекцију

l'infection

инфекција

le virus

вирус

le VIH / le sida

хив / аидс

le médicament

медицина

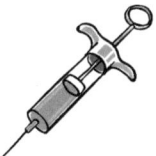

la vaccination

вакцинација

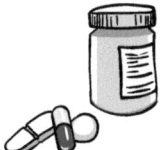

les comprimés

таблете

la pilule

пилула

l'appel d'urgence

хитни позив

le tensiomètre

уређај за мерење притиска

malade / sain

болесно / здраво

Au secours !

помоћ!

l'alarme

аларм

l'assaut

насртај

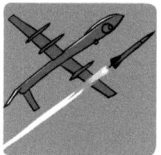

l'attaque

напад

le danger

опасност

la sortie de secours

излаз у случају нужде

Au feu!

пожар!

l'extincteur

противпожарни апарат

l'accident

незгоца

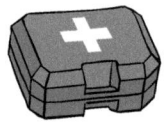

la trousse de premier secours

кутија прве помоћи

SOS

сос

la police

полиција

l'Europe

Европа

l'Amérique du Nord

Северна Америка

l'Amérique du Sud

Јужна Америка

l'Afrique

Африка

l'Asie

Азија

l'Australie

Аустралија

l'Océan atlantique

Атлантик

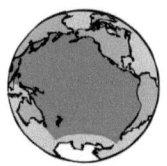

l'Océan pacifique

Пацифик

l'Océan indien

Индијски океан

l'Océan antarctique

Антарктички океан

l'Océan arctique

Арктички океан

le Pôle nord

Северни рол

le Pôle sud

Јужни рол

l'Antarctique

Антарктик

la terre

земља

le pays

земља

la mer

море

l'île

оток

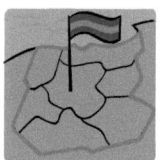

la nation

нација

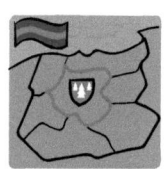

l'état

држава

le cadran

бројчаник сата

l'aiguille des heures

сатна казаљка

l'aiguille des minutes

минутна казаљка

l'aiguille des secondes

секундна казаљка

Quelle heure est-il ?

Колико је сати?

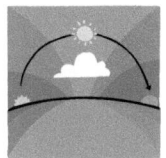

le jour

дан

le temps

време

maintenant

сада

la montre digitale

дигитални сат

la minute

минута

l'heure

час

la semaine
седмица

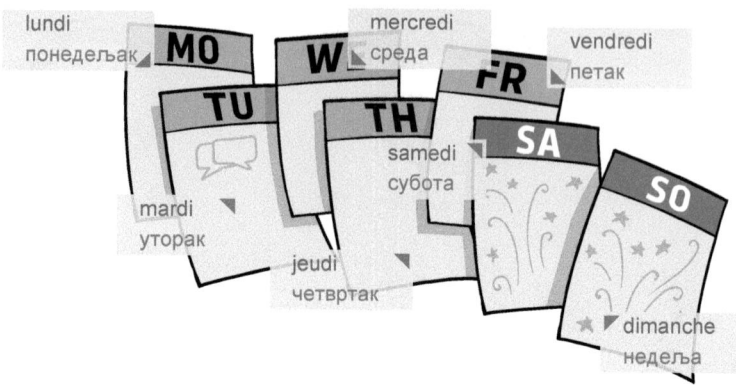

hier

јуче

aujourd'hui

данас

demain

сутра

le matin

јутро

le midi

подне

le soir

вече

MO	TU	WE	TH	FR	SA	SU
1	2	3	4	5	6	7
8	9	10	11	12	13	14
15	16	17	18	19	20	21
22	23	24	25	26	27	28
29	30	31	1	2	3	4

les jours ouvrables

радни дани

MO	TU	WE	TH	FR	SA	SU
1	2	3	4	5	6	7
8	9	10	11	12	13	14
15	16	17	18	19	20	21
22	23	24	25	26	27	28
29	30	31	1	2	3	4

le week-end

викенд

l'année

година

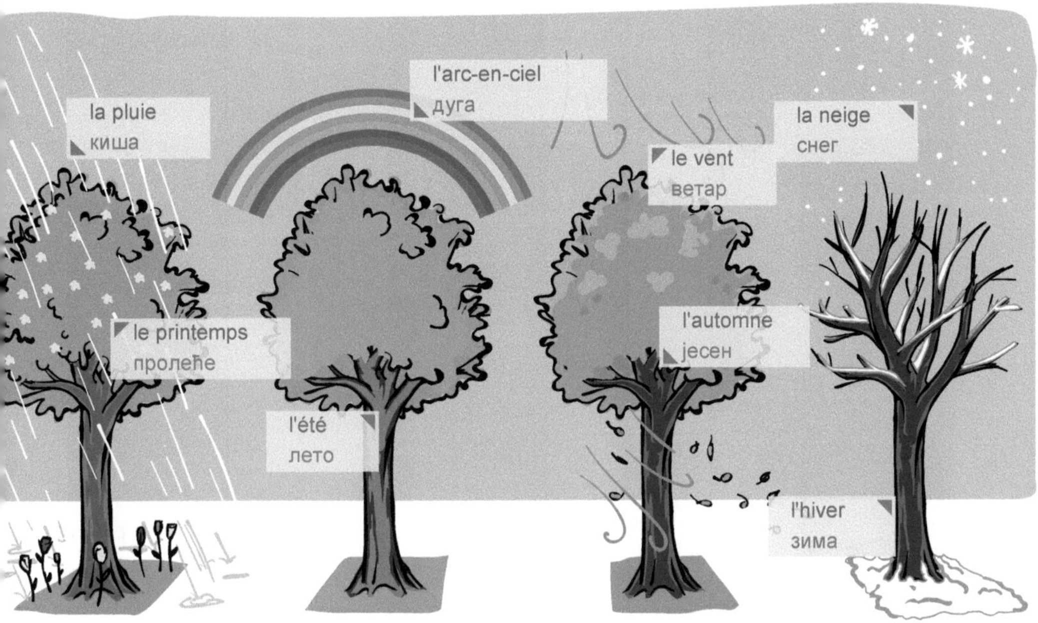

la pluie
киша
l'arc-en-ciel
дуга
la neige
снег
le vent
ветар
le printemps
пролеће
l'été
лето
l'automne
јесен
l'hiver
зима

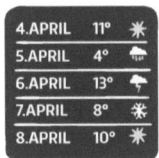

4.APRIL 11°
5.APRIL 4°
6.APRIL 13°
7.APRIL 8°
8.APRIL 10°

la météo

етеоролошка прогноза

F C
120 90 60 30 0 -30
40 30 20 10 0 -10 -20

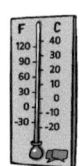

le thermomètre

термометар

la lumière du soleil

сунчана светлост

le nuage

облак

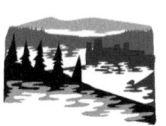

le brouillard

магла

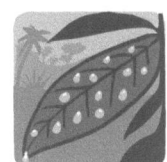

l'humidité

влажност ваздуха

la foudre

муња

la tonnerre

грмљавина

la tempête

олуја

la grêle

туча

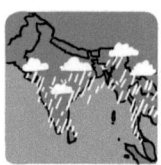

la mousson

монсун

l'inondation

поплава

la glace

лед

janvier

јануар

février

фебруар

mars

март

avril

април

mai

мај

juin

јуни

juillet

јули

août

август

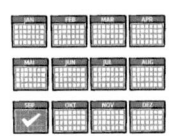

septembre
....
септембар

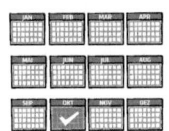

octobre
....
октобар

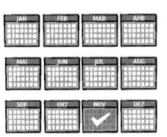

novembre
....
новембар

décembre
....
децембар

les formes
облици

le cercle
....
круг

le carré
....
квадрат

le rectangle
....
правоугао

le triangle
....
троугао

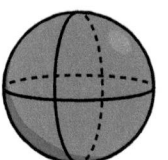

la sphère
....
кугла

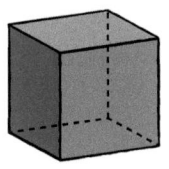

le cube
....
коцка

blanc

бела

jaune

жута

orange

наранџаста

rose

ружичаста

rouge

црвена

violet

љубичаста

bleu

плава

vert

зелена

marron

смеђа

gris

сива

noir

црна

beaucoup / peu

много / мало

fâché / calme

љутито / мирно

joli / laid

лепо / ружно

le début / la fin

почетак / крај

grand / petit

велико / малено

clair / obscure

светло / тамно

frère / soeur

брат / сестра

propre / sale

чисто / прљаво

complet / incomplet

потпуно / непотпуно

le jour / la nuit

дан / ноћ

mort / vivant

мртво / живо

large / étroit

широко / уско

comestible / incomestible

јестиво / нејестиво

méchant / gentil

зло / добро

excité / ennuyé

узбуђено / досадно

gros / mince

дебело / мршаво

le premier / le dernier

на почетку / на крају

l'ami / l'ennemi

пријатељ / непријатељ

plein / vide

пуно / празно

dur / souple

тврдо / мекано

lourd / léger

тешко / лагано

faim / soif

глад / жеђ

malade / sain

болесно / здраво

illégal / légal

илегално / легално

intelligent / stupide

паметно / глупо

gauche / droite

лево / десно

proche / loin

близу / далеко

nouveau / usé

ново / половно

rien / quelque chose

ништа / нешто

vieux / jeune

старо / младо

marche / arrêt

укључено / искључено

ouvert / fermé

отворено / затворено

faible / fort

тихо / гласно

riche / pauvre

богато / сиромашно

correct / incorrect

тачно / погрешно

rugueux / lisse

храпаво / глатко

triste / heureux

тужно / сретно

court / long

кратко / дуго

lent / rapide

полако / брзо

mouillé / sec

мокро / сухо

chaud / froid

топло / хладно

la guerre / la paix

рат / мир

les nombres
бројеви

0
zéro
нула

1
un / une
један

2
deux
два

3
trois
три

4
quatre
четири

5
cinq
пет

6
six
шест

7
sept
седам

8
huit
осам

9
neuf
девет

10
dix
десет

11
onze
једанаест

12

douze

дванаест

13

treize

тринаест

14

quatorze

четрнаест

15

quinze

петнаест

16

seize

шестнаест

17

dix-sept

седамнаест

18

dix-huit

осамнаест

19

dix-neuf

деветнаест

20

vingt

двадесет

100

cent

стотину

1.000

mille

хиљаду

1.000.000

le million

милион

les nombres - бројеви

l'anglais

енглески

l'anglais américain

амерички енглески

le chinois mandarin

мандарински кинески

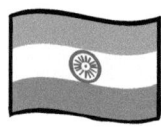

le hindi

хиндски

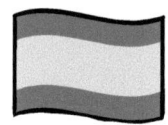

l'espagnol

шпански

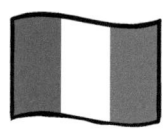

le français

француски

l'arabe

арапски

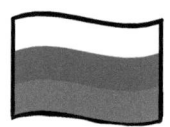

le russe

руски

le portugais

португалски

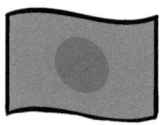

le bengali

бенгалски

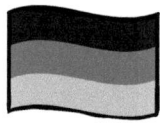

l'allemand

немачки

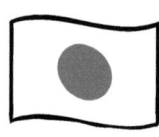

le japonais

јапански

je
....
ja

tu
....
ти

♂ ♀ ○

il / elle / ce, c', cela
....
он / она / оно

nous
....
ми

vous
....
ви

ils / elles
....
они

Qui ?
....
Ко?

Quoi ?
....
Шта?

Comment ?
....
Како?

Où ?
....
Где?

Quand ?
....
Када?

HELLO, I AM

le nom
....
име

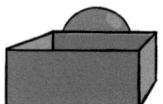

derrière

иза

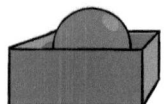

dans

у

devant

испред

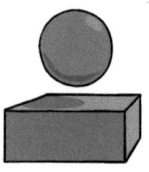

au-dessus

преко

sur

на

en-dessous

испод

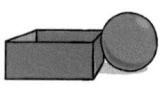

à côté de

поред

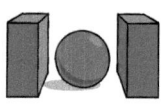

entre

између

le lieu

место